Antonio Sánchez de Amoraga y Botía

GABINETES DE COMUNICACIÓN PARA PEQUEÑOS AYUNTAMIENTOS

(un modelo sencillo)

Cehegín, enero de 2013
© de los textos: el autor
© de las fotos: el autor
ISBN: 978-1-300-61785-3

"Yo no estoy de acuerdo con lo que usted dice, pero me pelearía para que usted pudiera decirlo".
Voltaire

ÍNDICE

Introducción. 8.

Gabinete de Comunicación. 10.
¿Por qué un Gabinete de Comunicación? 12.
¿Cómo empezar? 13.
Sala de Prensa. 14.
Ruedas de Prensa. 17.
Notas de prensa. 18.
La Nevera. 28.
Información embargada. 29.
Fases de una noticia. 30.
Comunicación de crisis. 31.
Dossier de prensa. 32.
¿Por qué un dossier de prensa? 34.
Archivo fotográfico. 35.

Medios de comunicación locales. 40.
Página web. 41.
Redes sociales. 43.
Periódico. 44.
- Estructura del periódico. 45.
- Distribución del periódico. 50.
- Contenido del periódico. 51.
- Ediciones especiales. 58.
- Hemeroteca online. 64.
Radio. 65.
Televisión. 71.

Medios de comunicación regionales. 72.
Hay que cuidar a los medios de comunicación. 74.
Hay que cuidar a los trabajadores del Ayuntamiento. 75.
La figura del jefe de prensa. 76.
Bibliografía. 77.

INTRODUCCIÓN

Cuando acabé la carrera de Periodismo y me dispuse a adentrarme en el mundo laboral me encontré con un gran problema: la falta de bibliografía relacionada con mi especialidad, por lo que tuve que ir dando palos de ciego hasta convertirme en una persona válida para mi puesto.

Durante el último curso en la Universidad Católica San Antonio de Murcia (UCAM), el Ayuntamiento de Cehegín (Murcia) requirió mis servicios para poner en marcha su futuro Gabinete de Comunicación, exigiéndome un proyecto serio para un pueblo que tenía mucho que mostrar, pero que no acababa de encontrar el camino correcto para hacerlo.

En ese momento me vi entre la espada y la pared, pues no había cosa que más ilusión me hiciera que poder trabajar en mi tierra y para mis paisanos, en vez de tener que marchar a Madrid o a Londres como tenía pensado. Era una gran oportunidad para mí, por lo que tenía que ponerme las pilas y presentar un proyecto digno del mejor consistorio. Y así lo hice, me puse manos a la obra. Leí libros sobre gabinetes de prensa de todo tipo de empresas, pregunté a compañeros que ya estaban ejerciendo ese papel en otros lugares, me reuní con mis colegas del periódico regional La Opinión de Murcia, en el que yo llevaba trabajando dos años, y, como no podía ser de otra manera, pregunté a mis profesores de Periodismo, quienes me pusieron en la senda del 'éxito'. Este libro pertenece en parte a todas estas personas que acabo de mencionar.

Hoy me siento un profesional lo suficientemente preparado para poder ayudar o aconsejar a los futuros jefes de prensa de los ayuntamientos, siempre bajo la experiencia que yo he vivido durante ocho años, y hacerles un poco más suave el duro y gratificante trabajo que han elegido, porque el periodismo te da la vida y te la quita al mismo tiempo (si llegáis a ser verdaderos profesionales entenderéis lo que digo).

Por lo tanto, **'Gabinetes de comunicación para pequeños ayuntamientos. Un modelo sencillo'** se trata de una guía (seguro que imperfecta e incompleta, escrita con un lenguaje muy comprensible) para montar un Gabinete de Comunicación de un pequeño ayuntamiento, saber hacerlo crecer y mantenerlo, siempre partiendo de un pilar que tiene que ser **SAGRADO** para nosotros: el gabinete de comunicación del ayuntamiento no es el gabinete de comunicación del partido político que gobierna en ese momento.

GABINETE DE COMUNICACIÓN

Éste será el espacio donde trabajará el jefe de prensa. Intentaremos evitar que nos pongan junto a trabajadores de otras oficinas, ya que a la hora de redactar una nota de prensa, entrevistar, coger el teléfono, trabajar con cifras económicas, realizar una grabación, etcétera, se requiere mucha concentración, y ésta no siempre es posible si estamos en un lugar donde hay mucho tránsito de gente y todo el mundo está hablando. Lucharemos para que nos den un despacho propio (es lo mejor).

Las herramientas que necesitamos para el Gabinete de Prensa son éstas:
. Un ordenador de última generación: pediremos el más avanzado que haya en el mercado, ya que en cuestión de pocos años se nos podría quedar obsoleto. El monitor que tenga como mínimo 19 pulgadas.
. Conexión a Internet de alta velocidad, porque en numerosas ocasiones tendremos que mandar archivos muy pesados y no es plan de que perdamos toda la mañana haciéndolo o tengamos el correo colapsado gran parte del tiempo.
. Los programas que yo uso para trabajar son QuarqXPress (maquetación), Adobe Photoshop (retoque fotográfico), Microsoft Word (para redactar las notas de prensa), etcétera. También existen otros como Corel Draw, Freehand y otros gratuitos como GIMP, OpenOffice…
. También tendremos que contar con un escáner, una impresora, una grabadora de voz, una cámara de fotos y otra de vídeo, y un SAI (sistema de alimentación ininterrumpida). El ordenador lo tendremos enchufado al SAI, ya que si hay un corte en la red eléctrica del Ayuntamiento o hay alguna bajada o subida de tensión se podría estropear éste y perder datos muy valiosos e importantes para nuestro trabajo.
. Cómo no, pondremos una radio y una televisión para comprobar si nos sacan las noticias que mandamos y la publicidad que contratamos.

. Es imprescindible que tengamos siempre a mano un diccionario de la lengua española (yo trabajo con el de la Real Academia), otro de sinónimos y antónimos (nos va a ser muy útil) y el libro de estilo de El País (nos dirá la forma correcta de redactar muchas noticias).

. En el Gabinete de Comunicación debemos tener un disco duro externo, CD's y DVD's vírgenes, un lápiz de memoria (*'pen drive'*) y todo tipo de material de oficina, como folios, bolígrafos, lápices, típer, pósits, carpetas, sobres…

. Ni qué decir de los muebles: además de la mesa y el sillón donde trabajaremos, sería aconsejable que tuviéramos otra mesa cercana con algunas sillas, donde haremos las entrevistas a aquellas personas que nos visiten. Importante también es contar con un armario y una cajonera para la mesa.

. Todo gabinete debe tener a primera hora los periódicos locales y regionales del día encima de su mesa, así que nos subscribiremos a todos los locales y a los más importantes a nivel regional. Los nacionales, si fuera necesario, podemos consultarlos en Internet.

. No estaría de más que colgáramos en la pared un gran mapa del municipio, incluyendo las pedanías, porque siempre es bueno para situarnos mentalmente y tener las ideas más claras.

. También un calendario de pared, que muestre dos meses a la vez, para situarnos en el tiempo.

. El Jefe de Prensa deberá llevar siempre consigo su agenda. Aquí apuntaremos actos, actividades, eventos, etcétera. Será muy útil. Ahora se han puesto de moda las agendas electrónicas o PDA's, o móviles que cuentan con estas funciones (tipo iPhone, Blacberry, Samsung Galaxy), pero yo prefiero la agenda de papel, la de toda la vida.

. Además, en nuestro despacho habrá un teléfono fijo, y el Ayuntamiento nos deberá proporcionar también un teléfono móvil, ya que tendremos que realizar muchas llamadas de trabajo, estando fuera.

Un gabinete puede contener muchas más cosas, pero esto es lo básico que debería tener.

¿POR QUÉ UN GABINETE DE COMUNICACIÓN?

Los ciudadanos sienten la necesidad de estar BIEN informados de todo cuanto acontece en su localidad. El Gabinete de Comunicación saciará ese 'hambre' de noticias. En teoría, para eso nace este servicio municipal, aunque, a veces, el verdadero objetivo que persiguen las administraciones suele ser el de mantener al tanto a la ciudadanía de todo lo que hacen en el pueblo, con el fin de promocionarse y hacerse propaganda constantemente.

Aún así, no pasa nada, si somos coherentes, objetivos, éticos y, en definitiva, buenos profesionales del periodismo, nada tiene por qué anteponerse en nuestro camino hacia el éxito.

*UN DATO INTERESANTE es que cada día se crean en Andalucía nuevos gabinetes de comunicación, la mayoría en instituciones públicas, aunque también están incrementando su presencia en las empresas (creo que este dato se podría extrapolar a todas las comunidades autónomas españolas). *Dato recogido del informe 'Gabinetes de comunicación. Estudio sobre su presencia en las organizaciones'.* Publicado por Ana Almansa Martínez. Universidad de Málaga.

¿CÓMO EMPEZAR?

Saber cómo empezar es muy importante.

. Lo primero que haremos será crearnos una cuenta de correo electrónico. Ésta deberá ser seria: nada de poner superperiodista@murcia.es, ni thebest@murcia.es, ni pedronews@cehegin.com. Ni hablar. Si el ayuntamiento tiene el dominio contratado 'Cehegin.com' utilizaremos la siguiente fórmula: prensa@cehegin.com. Si no, siempre puedes acudir a los populares Hotmail, Yahoo, Gmail, etcétera.

. Lo segundo será conseguir una Agenda de la Comunicación de nuestra Comunidad Autónoma y llamar a los medios locales y regionales para presentarnos. Les pediremos su dirección de correo electrónico para mandarles toda la información que se vaya produciendo, y para convocarlos a las ruedas de prensa.

. Lo tercero será presentarnos, mediante una carta, a todas las asociaciones, colectivos, grupos de presión, sindicatos, partidos políticos, cofradías, colegios, grupos juveniles, clubes culturales y deportivos, ONGs, etcétera. Les explicaremos quiénes somos, cuál es nuestro cometido (formar, informar, entretener y ayudar en la medida de lo posible a todo el mundo) y les ofreceremos una dirección de email y un número de teléfono por si alguna vez quisieran mandarnos algo relacionado con su trabajo (luego nosotros evaluaremos si es noticia o no).

. El Jefe de Prensa deberá ser también un "relaciones públicas" en toda regla.

SALA DE PRENSA

Éste será el lugar donde se desarrollarán las ruedas de prensa. Sería aconsejable que como mínimo contara con 30 metros cuadrados.

Sala de Prensa

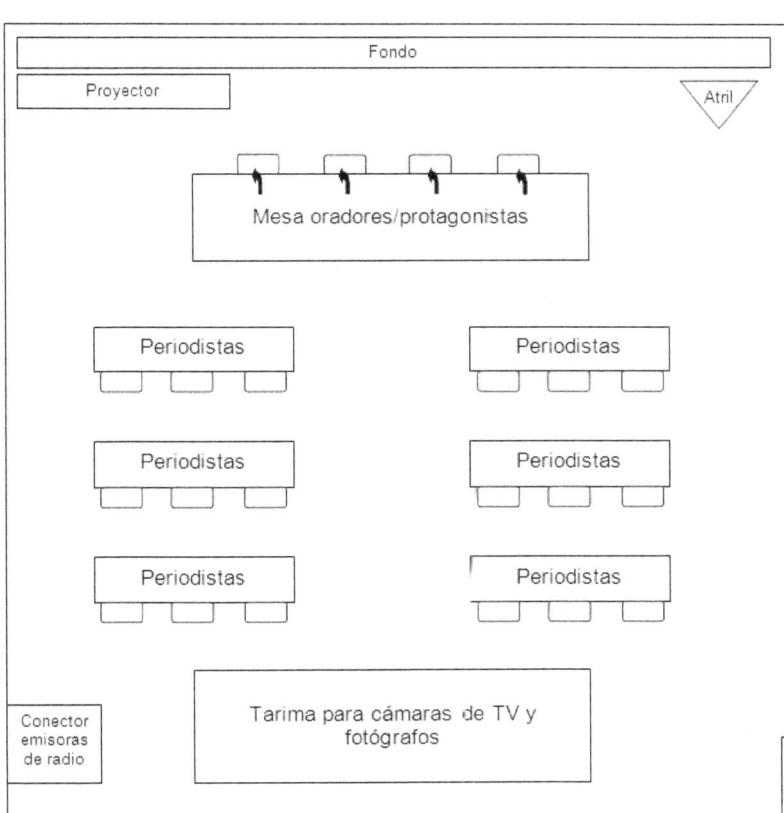

. La sala de prensa tiene que estar dividida en dos zonas: la parte principal o encerado, que es donde van a hablar los protagonistas de la noticia; y la zona de los periodistas, con el fin de que graben y tomen apuntes sobre lo que se está hablando, para que más tarde elaboren la noticia para su respectivo medio de comunicación.

. Por lo tanto deberá tener una zona con un encerado o tarima, un poco más alta de lo normal (alrededor de 15 centímetros), donde subirán los protagonistas. Esta parte tendrá una mesa alargada, sillas (tres o cuatro) y un fondo que debe incluir el escudo de tu ciudad y el nombre de tu ayuntamiento. El color del fondo debe ser mate, para que no reflejen los flases de las cámaras de fotos, y de un color más bien suave.

. La otra parte tendrá sillas suficientes, que sean cómodas para los periodistas.

. La puerta de acceso a la sala de prensa estará en el lado opuesto al encerado, para que el periodista que llegue con la rueda de prensa empezada no moleste, interrumpa ni pase por delante de las cámaras.

. Sería bueno que el suelo de la sala de prensa fuera de parquet o tarima flotante, ya que amortigua más el ruido.

. Deberá haber también un teléfono fijo en dicha sala, ya que en un momento dado se puede necesitar un papel o algo que se ha olvidado y podemos hacer que nos lo traigan.

. También dispondrá de un proyector y una pantalla para reproducir videos o poner presentaciones tipo Power Point, por ejemplo.

. Le diremos al informático del ayuntamiento que lleve una línea wifi hasta la sala de prensa. Nos puede hacer falta en cualquier momento para conectarnos a Internet, así como a los periodistas que han venido a cubrir el evento.

. De igual forma tendremos un caballete, por si hubiera que mostrar algo de forma física.

. Tendremos en una cajita aparte botellines de agua, para colocarlos en la mesa de los protagonistas.

. Que la sala de prensa tenga un reloj. Así, el que está dando la rueda de prensa sabe cómo va de tiempo.

. La iluminación de la sala será blanca. Hablaremos con el instalador para que la coloque de manera que no produzca sombras en los protagonistas.

. Como estamos hablando de un modelo sencillo, dejaremos así la sala de prensa. Pero si queremos ir un poco más allá, podemos instalar un aparato conector para micrófonos (les facilitaremos el trabajo a los compañeros de las emisoras de radio).

. Por otro lado, el Gabinete de Prensa deberá contar con un fondo móvil para exteriores y un atril para dar ruedas de prensa fuera del ayuntamiento. Por ejemplo, cuando se va a inaugurar el alumbrado de un barrio o de una pedanía, se puede llevar el fondo y el atril y convocar a los vecinos (se puede hacer mediante carteles/folletos y megafonía) para dar una rueda de prensa en ese lugar.

RUEDAS DE PRENSA

Las ruedas de prensa y los actos públicos se realizarán preferentemente por la mañana (antes de las 12 horas a poder ser).

La rueda de prensa debe ser atractiva y concisa, ya que para los medios de comunicación 'el tiempo es oro'.

Siempre, el portavoz deberá resumir todo lo expuesto en una breve conclusión final.

El portavoz deberá estar preparado para el turno de preguntas. Para ello, antes de la rueda de prensa, debe pensar qué preguntas sencillas o comprometidas pueden hacerle los periodistas. Debe tener a mano toda la información que necesite para responder de forma satisfactoria.

Nosotros, como jefes de prensa, y si la situación lo requiere, podemos presentar ante los medios a los portavoces que darán la rueda de prensa, pero nunca debemos permanecer con ellos en la tarima durante el desarrollo de la misma.

También debemos inculcar a los portavoces (al alcalde y a los concejales, sobre todo, pues con ellos son con quienes más vamos a trabajar) que deben llevar cuidado con los micrófonos aparentemente desconectados (se han dado muchos casos de metedura de pata, creyendo que un micrófono estaba apagado).

Lo que no se nos puede olvidar es el control de los medios de comunicación que asisten a las convocatorias de ruedas de prensa y actos públicos.

NOTAS DE PRENSA

La nota de prensa debe contener las seis 'w'. Esto ya lo hemos estudiado en la universidad. Se trata de que el texto debe contener obligatoriamente el 'qué', 'quién', 'dónde', 'cuándo' y 'por qué', aunque también podemos añadir el 'cómo'. Recuerda que debemos poner lo más importante de la noticia en los dos primeros párrafos, porque muchos medios de comunicación sufren escasez de espacio y tienden a recortar los textos, eliminando datos muy importantes (*Pirámide invertida*).

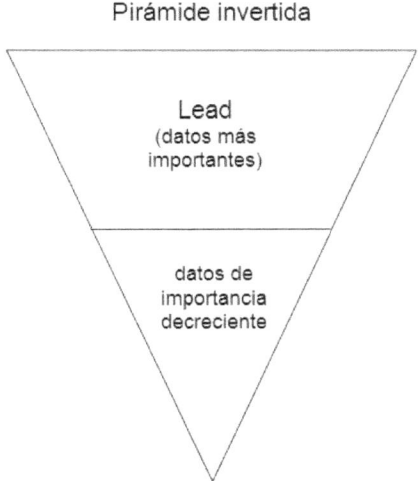

Que las notas no sean demasiado extensas. Que sean breves, concisas y atractivas (esto es aplicable a las ruedas de prensa, presentación de actos, etcétera. Lo bueno si es breve, dos veces bueno).

Ejemplo: El alcalde de Cehegín, José Soria, ha visitado esta mañana las obras del nuevo campo de fútbol, situado a las afueras de la localidad, con el fin de hacer un seguimiento a esta nueva instalación deportiva, que será inaugurada a principios de año.

1. Con esto bien claro, crearemos una plantilla para las notas de prensa (noticias ya elaboradas), y otra para las convocatorias de ciertos actos como ruedas de prensa, inauguraciones, visitas a obras, etcétera. Podrían ser así (ejemplos):

AYUNTAMIENTO DE CEHEGIN
CONCEJALIA DE COMUNICACIÓN

<u>11-09-2012</u>

Titular

Cuerpo de texto

<u>FOTO:</u> descripción de la fotografía o imagen que adjuntamos con la nota de prensa.

PARA MÁS INFORMACIÓN
www.cehegin.com
prensa@cehegin.com

C/López Chicheri, 5
CP. 30430
Teléfono: 968740400. Fax: 968740003

AYUNTAMIENTO DE CEHEGIN
CONCEJALIA DE COMUNICACIÓN

Descúbrelo

www.turismocehegin.es

11-09-2012

Titular

Cuerpo de texto

FOTO: descripción de la fotografía o imagen que adjuntamos con la nota de prensa.

PARA MÁS INFORMACIÓN
www.cehegin.com
prensa@cehegin.com

C/López Chicheri, 5   CP. 30430 CEHEGIN - MURCIA Tel: 968 740 400. Fax: 968 740 003

AYUNTAMIENTO DE CEHEGIN
CONCEJALIA DE COMUNICACIÓN

CONVOCATORIA:

Titular

Cuerpo de texto

DÍA: viernes, 8 de mayo.
LUGAR: Sala de Prensa del Ayuntamiento.
HORA: 13 horas.

PARA MÁS INFORMACIÓN
www.cehegin.com
prensa@cehegin.com

C/López Chicheri, 5
CP. 30430
Teléfono: 968740400. Fax: 968740003

AYUNTAMIENTO DE CEHEGIN
CONCEJALIA DE COMUNICACIÓN

Descúbrelo

Cehegín
www.turismocehegin.es

11-09-2012

Titular

Cuerpo de texto

DÍA: jueves, 27 de diciembre.
HORA: 10.30 horas.
LUGAR: Casa de la Cultura.

PARA MÁS INFORMACIÓN
www.cehegin.com
prensa@cehegin.com

C/López Chicheri, 5   CP. 30430 CEHEGIN - MURCIA   Tel: 968 740 400. Fax: 968 740 003

2. Algunas notas de prensa (formato) incluyen un lid (responde el qué y el quién), que vienen a ser las ideas más importantes que recoge la noticia.

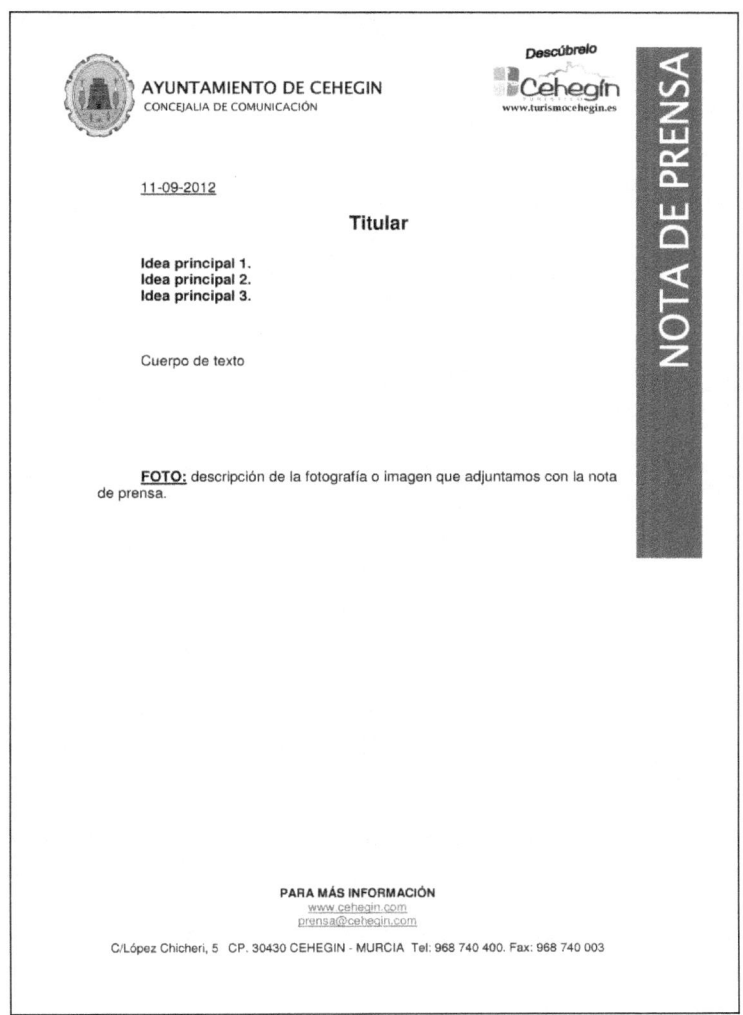

3. Antes de ponernos a escribir, guardaremos la plantilla con el nombre de la noticia. Cogeremos un nombre corto (aplicar los principios de la Documentación Informativa). Por ejemplo, una noticia con el titular: "La liga de fútbol sala arranca en Cehegín", el nombre que le pondremos al archivo de Word para guardarlo en el disco duro podría ser éste: "Comienza liga fútbol sala" (algo así, esquemático).

4. Las notas de prensa y los comunicados, antes de mandarlos, se imprimen y se vuelven a leer de nuevo en el papel, ya que, increíblemente, volverán a aparecer faltas ortográficas y errores.

5. En la redacción de éstas debemos evitar los adjetivos calificativos exagerados. Debemos ser estrictamente objetivos en todo momento.

6. Cuando mandemos una noticia o una convocatoria, nunca tendremos preferencia informativa con ningún medio de comunicación. Es decir, se la enviaremos a todos a la vez, al mismo tiempo, ya que así siempre mantendremos una relación cordial mutua.

7. Si una convocatoria es muy importante y no podemos permitirnos el lujo de que falte algún medio de comunicación, además del comunicado de prensa, confirmaremos su presencia por teléfono.

8. Asistiremos a los plenos municipales y elaboraremos la noticia con los acuerdos que se tomen en la sesión y los que no se aprueben.

9. Utilizaremos también diferentes lugares para dar las ruedas de prensa. Si se trata de la presentación de una obra que se va a hacer en la Plaza de Toros, podemos convocar a los medios en el patio de caballos del coso taurino. Si vamos a anunciar la construcción de una pista de pádel en el complejo deportivo, podemos convocar la rueda de prensa en el solar donde se va a levantar dicha instalación.

10. Debemos conocer también los horarios de trabajo de los medios de comunicación, es decir, si la televisión local emite su informativo a las 13 horas, pondremos las rueda de prensa antes

(siempre que esto sea posible), con el fin de asegurarnos su presencia. Si la radio local emite en directo desde las 12 hasta las 14 horas, si puede ser, haremos lo mismo, colocar las ruedas de prensa que lo permitan en una franja horaria anterior.

11. También mandaremos todos los viernes por la mañana un comunicado con las actividades del fin de semana, para que cada medio se programe con tiempo.

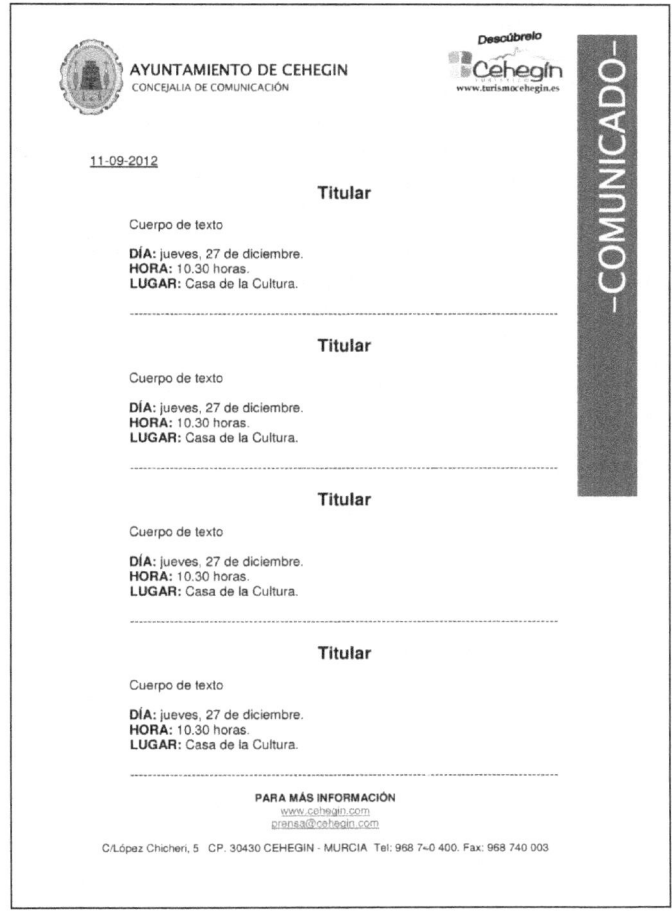

12. Todos los días intentaremos mandar algo a los medios (por lo menos a los locales), para que vean que el gabinete está vivo y para satisfacer la necesidad informativa de los lectores, espectadores, radioyentes y usuarios de Internet (si no hubiera nada, pues no mandamos nada. Lógicamente, no vamos a inventarnos las noticias).

13. Hay una cosa que vamos a empezar a hacer muy pronto, y es a leer proyectos de obras que se van a realizar o que se van a inaugurar en breve, con el fin de obtener las características de éstas y elaborar las correspondientes notas de prensa para su publicación. CONSEJO: olvidémonos de leer todas las carpetas de los proyectos. Cogeremos la MEMORIA, donde va todo lo que necesitamos, muy bien explicado y resumido. Ahorraremos mucho tiempo.

14. Debemos trabajar con rapidez en muchos casos, ya que, si ocurre una noticia, y nos demoramos en mandarla, ésta puede perder interés para el público.

LA NEVERA

Debemos tener en cuenta que los medios de comunicación suelen tener menos oferta informativa durante los fines de semana, festivos y vacaciones, por lo que estos espacios de tiempo se convierten en el momento perfecto para mandar aquellas informaciones que, enviadas en cualquier otro día laboral, hubiesen tenido pocas posibilidades de verse publicadas.

Por ello, debemos contar con una 'nevera de informaciones', o lo que es lo mismo, un archivo de noticias intemporales, donde guardaremos aquellas notas de prensa (reportajes, hechos anecdóticos…) que tienen menor trascendencia, pero que se pueden 'colocar' en fines de semana, festivos y vacaciones.

INFORMACIÓN EMBARGADA

Esta información se da con el requisito de que no sea publicada hasta el momento indicado. El sistema de la información embargada es muy popular en las administraciones. Suelen ser notas de prensa sobre actos que se van a realizar por la tarde, como inauguraciones de lugares, charlas, conferencias, etcétera. A mí personalmente no me gusta esta herramienta.

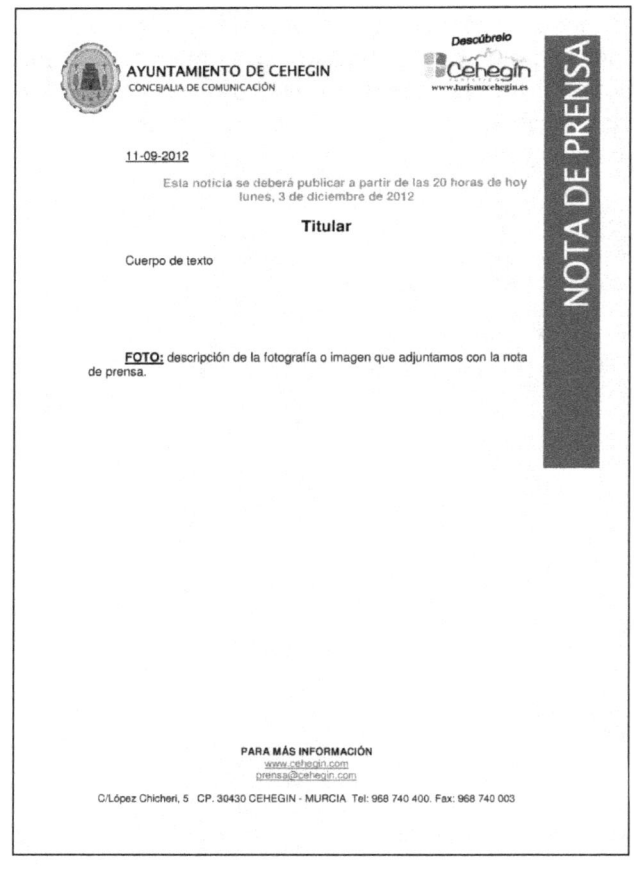

FASES DE UNA NOTICIA

Existen hechos que suelen durar en el tiempo, y que nosotros podemos ir publicando según se vaya consumiendo su ciclo de vida. Así, decimos que una noticia podría tener diferentes fases. Esto lo vamos a ver mejor con el siguiente ejemplo (es un poco exagerado, pero se suele utilizar en los gabinetes de comunicación):

Titular 1 (enero): Se aprueba la construcción de un nuevo Centro de Salud en Cehegín.
Titular 2 (finales de enero): Se adjudican las obras del nuevo Centro de Salud.
Titular 3 (febrero): Se pone la primera piedra de las obras del nuevo Centro de Salud.
Titular 4 (mediados de febrero): Comienzan las obras del nuevo Centro de Salud.
Titular 5 (mayo): Las obras del nuevo Centro de Salud llegan a su ecuador.
Titular 6 (julio): Las obras del nuevo Centro de Salud van llegando a su fin.
Titular 7 (agosto): Se inaugura el nuevo Centro de Salud de Cehegín.
Titular 8 (septiembre): El nuevo Centro de Salud ya da servicio a un millar de personas diarias.

COMUNICACIÓN DE CRISIS

Son numerosos los autores que han explicado este término, tanto para instituciones como para empresas, asociaciones, ONG, entidades, etcétera.

Bien, pues aquí lo vamos a explicar de forma muy breve, refiriéndonos al Ayuntamiento: "Si ocurre un problema más o menos grave y hay personas afectadas, hay que seguir estos pasos: el Ayuntamiento verá qué ha pasado, cómo ha ocurrido y qué consecuencias ha tenido. Automáticamente se pondrá manos a la obra para solucionar el problema y, de forma inmediata, hablará con todos los afectados, a quienes les dirá la VERDAD (y sólo la verdad. No hay que usar la mentira bajo ningún concepto) del hecho en cuestión. Les ofrecerá todos los medios que tenga a su alcance para ayudarles en esta nueva situación".

Si el Ayuntamiento ha sido finalmente el culpable del problema, dará una imagen de institución responsable, que se hace cargo de sus errores y no deja a sus ciudadanos 'tirados'. Los ciudadanos, con el problema ya solucionado, pensarán que "un error/fallo lo puede tener cualquiera".

Si ha sido algo externo al Ayuntamiento, éste deberá tomar las medidas legales contra el responsable, si lo considera oportuno, y poner los medios para que no ocurra nunca más.

DOSSIER DE PRENSA

Como ya hemos hablado antes, todas las mañanas debemos tener encima de nuestra mesa todos los diarios locales y regionales, amén de algún nacional que tenga edición regional.

Buscaremos en estos todas las noticias que aparezcan referentes a nuestra localidad, las hayamos mandado nosotros o no. Aquí, además de las noticias puras y duras y los reportajes, incluiremos las Cartas al Director (si las hubiera), artículos de opinión, anuncios, edictos, agenda, fotografías y fotonoticias, entre otros, sobre nuestra ciudad. Todo esto lo fotocopiaremos y se lo haremos llegar al alcalde y al concejal de Comunicación (si es que existe esta figura) en una carpeta, para que ellos tengan conciencia de todo lo que se publica en los medios diariamente.

En las noticias o reportajes extensos en los que la ciudad aparezca, pero no sea la protagonista, resaltaremos con un subrayador fluorescente amarillo o rosa la parte donde se habla de ella, con el fin de que el alcalde o concejal vayan al grano y no pierdan el tiempo leyéndolo todo (para ellos, el tiempo es oro).

Hoy día, con las nuevas tecnologías, todo esto ha avanzado muchísimo. Ahora existen servicios gratuitos como las 'Alertas de Google', por ejemplo, que te llegan a diario a tu correo electrónico, mostrándote las noticias y los medios de comunicación digitales donde aparece la ciudad (este servicio os lo recomiendo).

También existen medios de pago, como, por ejemplo, la empresa 'Seguired', que todos los días a primera hora de la mañana nos muestra todos los medios donde nombran a la ciudad, además de contar con un archivo en el que podemos consultar días anteriores. También dan la opción de contratar este servicio para televisión y radio. Por lo tanto, este tipo de medios para los ayuntamientos vienen muy bien.

Con todo esto ya explicado, todo nos hace pensar que estamos abocados a las nuevas tecnologías, pero yo recomiendo que se usen ambos medios: el tradicional (fotocopiar periódicos) y estos que acabamos de explicar, vía Internet.

RECICLAJE: los folios tienen dos caras blancas, por lo que debemos usar las dos, tanto para imprimir algo como para escribir lo que sea. Con esto hacemos un favor al Ayuntamiento, que no gastará más dinero del necesario en comprar folios, y al medio ambiente, que nos lo estamos cargando.

¿POR QUÉ UN DOSSIER DE PRENSA?

Muy sencillo: para ver si salimos en los medios y el tratamiento que dan a nuestras informaciones. Si el tratamiento es el adecuado, habrá que aplaudírselo; si es inapropiado, es decir, que cambien el significado de las noticias, o de partes muy importantes, entonces tendremos que ponernos en contacto con estos medios y recriminárselo. Que vean así que les estamos haciendo un seguimiento, con el fin de que nunca bajen la guardia.

Además, al ver qué informaciones nos sacan, podremos llevar a cabo las correspondientes REACCIONES. A veces, al aparecer una determinada información en un medio de comunicación, ésta nos cambia la agenda informativa del día.

Por ejemplo, si ha ocurrido un acontecimiento muy relevante en la ciudad, sería aconsejable que suspendiéramos la rueda de prensa prevista o el acto que íbamos a llevar a cabo, ya que, probablemente, nos quite el protagonismo. Por eso tenemos que estar pendientes a primera hora de la mañana de las radios, las televisiones y los periódicos.

Otro ejemplo podría ser que si un medio ha publicado unas declaraciones referentes al Ayuntamiento, que consideramos que hay que responder, debemos preparar la oportuna rueda de prensa, nota de prensa, llamada telefónica, visita o lo que creamos oportuno para hacerlo.

ARCHIVO FOTOGRÁFICO

El periodista 'de pueblo', como lo vamos a ser nosotros, suele ser a la vez redactor, maquetador, diseñador gráfico, webmaster, locutor, fotógrafo... Si podemos sobrellevarlo todo, nos convertiremos en unos 'todoterrenos' del periodismo local.

Por lo tanto, tendremos que dominar el arte de la fotografía. No importa si no somos grandes fotógrafos. Lo esencial es saber en qué momento debemos hacer la foto. Aún así, en cada acto haremos varias, para poder luego elegir la que más nos convenga.

La resolución de las fotografías no tiene por qué ser muy alta. Con 2.496 x 1.664 pixeles nos sobrará para nuestro trabajo (los fotógrafos dicen que hay que hacerlas con la máxima resolución que tenga la cámara, ya que nos podrían servir luego para hacer grandes póster y cosas así, pero en el trabajo diario son muy lentas para trabajar).

Compraremos una cámara de fotos profesional o semiprofesional (a mí me gusta Canon y Nikon), con un flash y una bolsa acolchada para llevarlo todo (así evitaremos roturas por golpes). También sería bueno disponer de una segunda batería y de un par de tarjetas de memoria de 5 gigas, por ejemplo.

CONSEJO: Cuando tengamos que hacer una fotografía a un grupo de personas, haremos varias seguidas, ya que siempre suele salir alguno con los ojos cerrados y nos la puede estropear.

Mi archivo fotográfico lo tengo estructurado de la siguiente manera: en el disco duro creo una carpeta llamada **2009 FOTOS**. Dentro de esa carpeta creo otras que se llaman **2009 ENERO, 2009 FEBRERO, 2009 MARZO, 2009 ABRIL, 2009 MAYO, 2009 JUNIO, 2009 JULIO, 2009 AGOSTO, 2009 SEPTIEMBRE, 2009 OCTUBRE, 2009 NOVIEMBRE** y **2009 DICIEMBRE**. Y dentro de cada una de éstas voy metiendo subcarpetas con las fotografías de cada acto. Lo verás mejor en estas impresiones de pantalla:

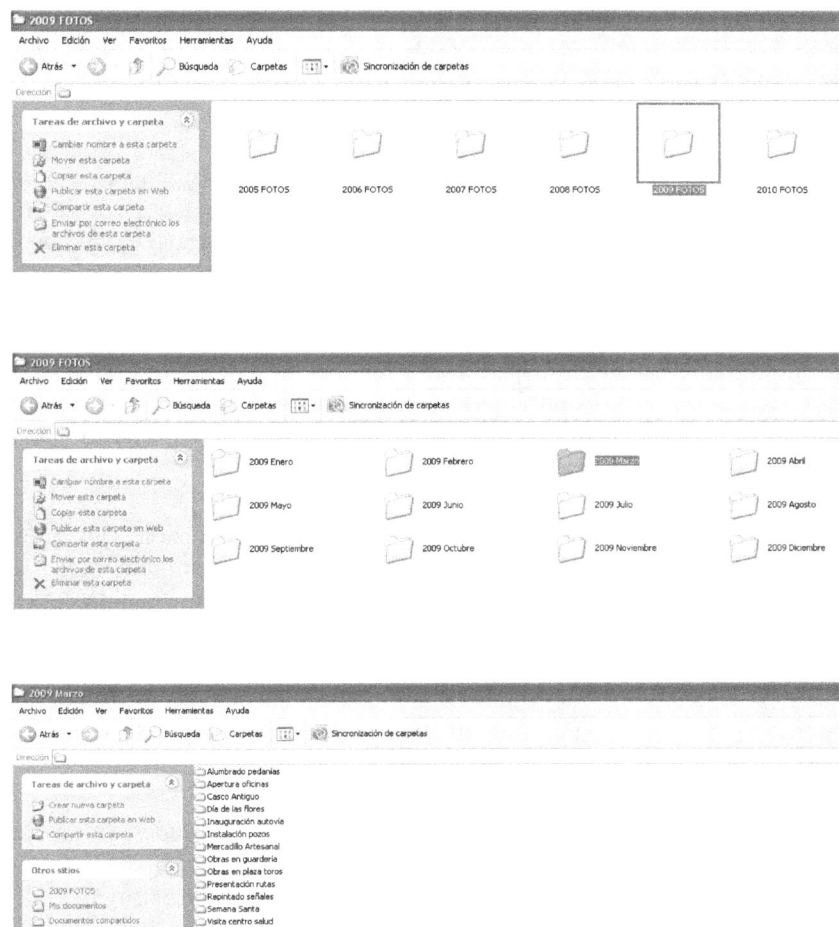

NOTA: Yo tengo el archivo así, pero si tú conoces un sistema mejor o tienes un programa específico para esto, úsalo. Esto son siempre consejos.

Este archivo fotográfico, además de tenerlo en el disco duro, debemos ir grabándolo en DVDs y en el disco duro externo, como copia de seguridad.

Si tenemos tiempo, antes de mandar las fotografías adjuntas a la nota de prensa, las repasaremos en el Photoshop (repasar significa darles más luz si están un poco oscuras, quitar ojos rojos e, incluso, reducirlas un poco de tamaño si vamos a mandar muchas en el mismo email. Nada de hacer más joven ni más guapo a nadie, eh).

Tendremos en cuenta que las fotografías y la nota de prensa deben ser archivos diferentes. Nada de insertar en la página de Word la foto que queremos enviar. Siempre aparte, en otro archivo (en *formato jpeg*, por ejemplo).

Sacaremos tiempo para crear un archivo como Dios manda. Debemos tener una o varias carpetas que contengan fotos de: monumentos de la ciudad, colegios, Casco Antiguo, zona moderna, instalaciones deportivas y culturales, pedanías, iglesias, la Patrona o el Patrón, parques y jardines, parajes del municipio, edificios municipales, fuentes, etcétera. Alguna de éstas nos podrán hacer falta en cualquier momento para acompañar una información o por si algún medio nos la pide.

También debemos tener numerosas fotos del alcalde y de la corporación municipal al completo. Haremos las típicas fotos institucionales, pero también instantáneas hechas en otros lugares, de forma más informal.

Si un medio nos pide varias fotos, podemos enviárselas comprimidas, por ejemplo con el programa compresor de archivos 'Winrar'. Es fácil de usar, simplemente debemos seleccionar todas las fotos que queramos comprimir y, pinchando el botón derecho del ratón, seleccionar la opción 'Añadir a ejemplo.rar' de la ventana desplegable. Automáticamente nos aparece un nuevo archivo con extensión .rar, que lleva incluidas todas las fotografías. Otra opción sería abrirlas con el programa *Paint* y guardarlas con otro nombre. Esto reduce considerablemente el peso de las fotografías y podremos enviar más cantidad sin saturar el correo electrónico (así pierden algo de calidad).

Por otro lado, debemos pensar en la forma de buscar estas fotos cuando nos hagan falta. Yo hago lo siguiente: creo un archivo de Microsoft Excel y lo llamo 'Archivo Fotográfico' o 'Fotografías' y lo estructuro de la siguiente forma:

	A	B	C	D	E	F	G
2016	Pepín Liria	2008 Diciembre					
2017	Presentación actividades Día contra violencia género	2008 Diciembre					
2018	Presentación Campeonato de España de futbolín	2008 Diciembre					
2019	Presentación I Premio Atletismo Base 'Cruz Begastri'	2008 Diciembre					
2020	Presentación proyecto Begastri	2008 Diciembre					
2021	Punto Sigre	2008 Diciembre					
2022	Renovación aceras calle Ginés de Paco	2008 Diciembre					
2023	Repintado señales viarias	2008 Diciembre					
2024	Revista Murciamiga	2008 Diciembre					
2025	Rotonda Plaza de España Arco Romano	2008 Diciembre					
2026	Sociedad Musical de Cehegín	2008 Diciembre					
2027	Taller cata de vino	2008 Diciembre					
2028	Taller prevención violencia género para profesionales	2008 Diciembre					
2029	Talleres prevención violencia de género	2008 Diciembre					
2030	Tuta absoluta	2008 Diciembre					
2031	VIOL	2008 Diciembre					
2032	Visita Servicio Estancias Diurnas	2008 Diciembre					
2033	Pasapágina	2008 Diciembre					
2034	Santa Madre Maravillas	2008 Diciembre					
2035	Antonio Ríos y Almudena Sanchiz visitan Cehegín	2009 Enero					
2036	Asociación viudas regala cesta de Navidad	2009 Enero					
2037	Belén de Josi Zarco García	2009 Enero					
2038	Cabalgata de Reyes	2009 Enero					
2039	Campeonato natación EDM	2009 Enero					
2040	CB Begastri	2009 Enero					
2041	Cehegín se adorna con flores de pascua	2009 Enero					
2042	Concierto Los Tenores	2009 Enero					
2043	Concierto Noches Sabineras	2009 Enero					

Una vez que tengo esto rellenado, cuando quiero buscar algo, por ejemplo fotos del Parque Juan Carlos I, voy a Edición → Buscar (Ctrl+B) y relleno la casilla en blanco con el nombre de 'Parque Juan Carlos I', por ejemplo. Entonces me aparecen todas las carpetas que contienen fotos de este lugar, diciéndome en qué año y en qué mes se encuentran. Ésta es una forma rápida y fácil de tener a mano el archivo fotográfico, aunque muy artesana.

Existen numerosos programas para estructurar un archivo fotográfico (elige el que tú quieras).

MEDIOS DE COMUNICACIÓN LOCALES

Los medios de comunicación locales son aquellos que trabajan en nuestra ciudad y que la información que difunden es referente a ésta.

Medios locales puede haber muchos, aunque en la mayoría de los municipios existe algún periódico, radio, televisión por cable (video comunitario) y, en la actualidad, numerosas páginas web y blogs. Podríamos prestar también atención a las redes sociales (Facebook, Tuenti o Twitter, por ejemplo), que están siendo toda una revolución en la forma de comunicarse con los internautas.

Nosotros los vamos a diferenciar en medios de comunicación municipales y privados. A nosotros, como los que más nos interesan son los primeros, obviaremos en este libro los otros.

1.1. PÁGINA WEB

Será el primer medio de comunicación que pondremos en marcha. Contrataremos a un diseñador para que nos haga este portal web, que debe cumplir obligatoriamente las siguientes características:

- Diseño claro y actual, con el escudo y el nombre del Ayuntamiento.
- La dirección con el nombre de nuestra ciudad: www.cehegin.com, www.murcia.com, por ejemplo.
- Que el cuerpo central de la página sea el espacio de las noticias, tipo blog, las cuales se irán bajando hacia abajo conforme vamos insertando otras. Éstas se guardarán en un archivo que pueda ser consultado por todo el mundo en cualquier momento, sin necesitar claves ni registros ni nada por el estilo.
- Que sea una página que se cargue rápidamente, incluso con una conexión a Internet lenta; que sea intuitiva y fácil de navegar por ella.
- Que nos permita gestionarla nosotros, con el fin de no tener que llamar al programador cada vez que queramos insertar o eliminar algo de ésta.
- Tendrá, en las columnas laterales, una introducción, enlaces de interés, buzón de ideas, sugerencias y quejas, un mapa de la localidad, una guía de servicios públicos y privados, los comercios y zonas de ocio, *Qué visitar*, lista de concursos y convocatorias, una rica galería fotográfica con instantáneas de la ciudad, el programa de actos de las fiestas patronales, carnavales, Semana Santa, etcétera.
- Un apartado con el tiempo meteorológico.
- Un contador de visitas interno, para saber cuántos usuarios únicos y cuántas páginas visitadas tiene.
- También haremos encuestas de todo tipo en la web: ¿Qué grupo musical te gustaría que tocara en las fiestas patronales?, ¿Qué parte de Cehegín es la que más te gusta?, ¿Qué jugador del Cehegín Club de Fútbol ha sido más determinante este año?,

¿Qué te gustaría que se hiciera con el edificio abandonado del antiguo colegio público?, por ejemplo.

- En el caso de que nuestro Ayuntamiento no pueda hacer frente a la inversión económica inicial que requiere la puesta en funcionamiento de un portal de este tipo, podemos crear un blog municipal, que es gratuito y va muy bien. Mi consejo es *Blogger* o *WordPress*. La cuestión es empezar a captar y fidelizar lectores online cuanto antes.
- También contará con una hemeroteca virtual, que explicaremos más adelante.
- Crear un apartado donde vayan las parrillas de programación de los medios locales (radio y televisión).
- Otro requisito fundamental es tener el portal web actualizado con frecuencia, porque, de lo contrario, dañaría la imagen del mismo y, como efecto paraguas, la del Ayuntamiento (puede dar sensación de dejadez).

1.2. REDES SOCIALES

Podemos aventurarnos en el efímero mundo de las redes sociales. Éstas unen entre sí a millones de usuarios. A nosotros nos interesa promocionarnos, dando a conocer todo lo que hacemos, la agenda de nuestras actividades, las noticias que están ocurriendo, las convocatorias para ciertos actos, etcétera.

Por lo tanto, podemos crear el perfil de 'Ayuntamiento de Cehegín' e invitar a todos los usuarios posibles para que nos acepten como amigos de esa red social, y así, ir creándonos nuestra cartera de contactos. Una vez hecho esto, iremos publicando diariamente en nuestro perfil todas las informaciones que vamos mandando a los medios locales y regionales, e incluso aquellas de menor calado, que aquí toman mayor importancia.

Redes sociales con gran relevancia:

1.3. PERIÓDICO.

Llevamos un mes elaborando noticias diariamente, enviándolas a los medios de comunicación y publicándolas en la página web. Ahora es el momento de maquetar el periódico. De alguna manera (pensamiento erróneo) será considerado como el resultado de nuestro trabajo, por lo que debemos esmerarnos aún más si cabe en su correcta edición. Crear un periódico local no es fácil, pero, siguiendo los siguientes pasos, el camino se nos hará menos pedregoso:

−   Utilizaremos el programa de maquetación que mejor dominemos. Yo uso QuarXPress, pero vale cualquiera que sea profesional.
−   Pensaremos un nombre para el periódico. A esto no le daremos demasiadas vueltas. Si la ciudad se llama Begastri (y el nombre no está registrado), escogeremos la siguiente fórmula: "El Periódico de Begastri". También podemos utilizar los populares "La Gaceta de Begastri", "El Diario de Begastri", "Begastri Magazine", "Buenos Días Begastri", "El Semanario de Begastri", "30 días Begastri", "Begastri al Día"... y un sin fin más. Pero da igual cómo le pongamos, porque al final todo el mundo, sobre todo las personas mayores, lo llamarán "El Periódico de Begastri", para entenderse mejor.
−   A la hora de poner un nombre, tendremos en cuenta también la periodicidad que se le va a dar. Como estamos mostrando un gabinete de comunicación sencillo, le vamos a dar periodicidad mensual (es suficiente).
−   El formato podría ser tabloide (420 mm x 300 mm, aproximadamente). Es el de la mayoría de los periódicos, como La Vanguardia, El País, El Periódico de Cataluña o El Mundo, ya que es más práctico para la lectura.
−   La extensión será fija (yo lo hago de 16 páginas). La primera y la última irán en color, mientras que las interiores las imprimiremos en blanco y negro, para no gastar demasiado dinero.

- Se imprimirán unos 5.000 ejemplares mensuales para una población de alrededor de 15.000 habitantes.
- El periódico será gratuito.

ESTRUCTURA DEL PERIÓDICO

Llevará secciones, pero no muchas. Podemos comenzar con esta estructura:

- Página 1: **Portada** (aquí van las noticias más importantes de forma esquemática que contiene el periódico, y un remitente a página…).

DEPORTES

Ana Carrasco hará historia, al correr el Mundial de Moto 3

● La quinceañera Ana Carrasco, bautizada en su día por el gran equipo de TVE 1 en el mundial como 'La bala rosa', verá cumplido el sueño de estar en el mundial la próxima temporada 2013.

La cehegínera empezó a descubrir las características y el funcionamiento de la KTM estándar, que el equipo JHK T-Shirt LaGlisse ha puesto a su disposición en el circuito de Almería. Un día antes, la escudería madrileña que dirige Jaime Fernández Avilés, confirmaba oficialmente que esta joven promesa formará equipo con el piloto Maverick Viñales.

'La bala rosa' formará parte del equipo JHK T-SHIRT LaGlisse

sigue en pág. 13

- Páginas 2 a 12: **Municipio** (así nombraremos a las páginas interiores).
- Páginas 13-14: **Deportes** (las novedades deportivas).
- Página 15: **Agenda:** incluirá *Un Rincón* (donde sacaremos lugares que interesa conocer, así como bares y restaurantes, museos, etc, todo ello sin coste alguno para las empresas), *Sabías qué* (incluiremos este apartado, que será un dato histórico o algo que probablemente no conozca mucha gente de la localidad), *Receta Tradicional*

(esto tiene mucho tirón. Hay mucha afición a la cocina. Pondremos recetas típicas de la ciudad), *Farmacias* (los días de guardia de cada una) y *Agenda de Ocio* (donde anunciaremos los actos y espectáculos previstos para el mes).

- Página 16: **La Última** (va en color, así que la aprovecharemos para incluir aquellas noticias que puedan ser más explícitas. Por ejemplo, si la concejalía de Medio Ambiente presenta los nuevos contenedores de residuos urbanos, pondremos esa noticia en la última página para que se vea qué residuos van en los contenedores, los cuales son de diferentes colores. No sería lógico poner esta noticia dentro, en blanco y negro).

- También podemos incluir la sección **Cultura**, si vemos que se producen muchas noticias de este ámbito en la ciudad.

Distribución periódico

Portada	Municipio	Municipio	Municipio
Municipio	Municipio	Municipio	Municipio
Municipio	Municipio	Municipio	Deportes
Deportes	Cultura	Agenda	La Última

- La cabecera deberá contener colores fuertes, ya que llamarán más la atención de nuestros lectores. Esta parte del periódico contendrá el nombre de éste, la periodicidad, el número de la edición y la fecha, y una frase célebre, como bienvenida al lector.

- La mosca deberá contener lo siguiente (ejemplo):

El Periódico de Cehegín

Publicación municipal. C/López Chicheri, 5. 30430 CEHEGÍN
Telf. 968 740 400. Email: prensa@cehegin.com
Edita: Ayuntamiento de Cehegín.
Coordina y redacta: Antonio Sánchez de Amoraga y Botía.
Imprime: Imprenta Melgares. **Depósito Legal:** MU – 897 – 2005

- Un ejemplo de La Última:

Un Festibando cargado de artistas, con Merche como protagonista

La cantante cerrará la noche con un concierto en directo de más de una hora, tras actuar Manu Tenorio, Javier Estrada, Lorena y Los Guajiros del Puerto, entre otros

LORENA

DISTRIBUCIÓN DEL PERIÓDICO

- Se repartirá siempre en los mismos lugares, que nosotros llamaremos 'puntos habituales'. Hazte con unos expositores para que se depositen de una forma elegante y ordenada, y la gente se lleve uno. Estos lugares pueden ser los siguientes: recepción del Ayuntamiento, Casa de la Cultura, Oficina de Turismo, Espacio Joven, Centro de Salud o ambulatorio, hoteles, residencias, pabellones deportivos, bares, restaurantes y cafeterías, gasolineras, autoescuelas, academias de formación, librerías y papelerías, etcétera.
- De los 5.000 ejemplares que vamos a imprimir, una parte se buzoneará en la ciudad (cada mes elegiremos barrios distintos); otra parte irá a los 'puntos habituales'; otra se llevará a las pedanías (se dejará en bares y zonas más transitadas); dejaremos alrededor de 20 ejemplares para el Archivo Municipal; y enviaremos periódicos por correo postal a aquellas personas que sean oriundas de la ciudad, pero que, por cualquier motivo, vivan fuera de ella (daremos este servicio de forma gratuita). También lo mandaremos a personas y empresas que alguna vez se hayan publicitado (anunciado) en el periódico.
- Nuestra difusión crecerá aún más con el envío (a todo el que lo desee) del periódico en formato PDF (ocupa alrededor de 5 megas). Las personas interesadas deberán proporcionarnos una dirección de email, donde le haremos llegar todos los meses dicha publicación.

CONTENIDO DEL PERIÓDICO

El periódico se crea para ser el medio de información municipal, con el que el Ayuntamiento informará de manera más directa a los ciudadanos de todo cuanto acontece en la localidad.

Aunque está pensado para contener sólo información municipal, dejaremos espacio para otro tipo de noticias. Es bueno hacer reportajes a gentes de la localidad que han hecho algo importante en la vida; o bien para resaltar logros individuales y colectivos, hechos históricos, anécdotas destacadas, etcétera. Así llegaremos más a los ciudadanos (mejorará la percepción) y seremos más cercanos.

La información deberá ser objetiva y muy rigurosa, ya que perderíamos toda credibilidad si intentáramos ocultar una verdad, poner una mentira, o, simplemente, maquillar los textos.

Los titulares de las noticias deberán 'ir al grano', ser explícitos. Esto se hace porque muchísima gente, cuando abre el periódico, sólo lee los titulares, así que estos deben ser la síntesis de todos los párrafos que encabezan.

Se inaugura el Servicio de Estancias Diurnas de Cehegín

El SED cuenta con salas de televisión y para realizar talleres y actividades socioculturales, clínica, gimnasio, terraza y un baño geriátrico totalmente adaptado

REDACCIÓN

El nuevo Servicio de Estancias Diurnas (SED) de Cehegín ya ha sido inaugurado de manos de la consejera de Trabajo y Política Social de la Región de Murcia, Cristina Rubio, y del alcalde de Cehegín, José Soria, en un acto en el que estuvieron también presentes la secretaria de Acción Social, Mercedes Navarro, la directora de Familia y Servicios Sectoriales, María del Socorro Moreno, y la concejal de Sanidad del Ayuntamiento, María Isabel Martínez, entre otros.

Según Cristina Rubio, con este servicio, gestionado por la asocia-

Incluye la manutención, el transporte y la atención sanitaria

La consejera de Sanidad, la concejal de Sanidad y el alcalde de Cehegín, ayer en la inauguración del Servicio de Estancias Diurnas de la localidad.

ción ANIMAY, "queremos que los mayores permanezcan en el entorno familiar el mayor tiempo posible", añadiendo que "es lo menos que podemos hacer por estas personas que tanto han dado por nosotros a lo largo de nuestra vida".

Por su parte, el alcalde de Cehegín hizo referencia a la estrecha colaboración que el Ayuntamiento de la localidad está manteniendo con la consejería, y prueba de ello es la inauguración días atrás del Centro de Día San Francisco, y el Servicio de Atención a Domicilio (SAD).

Esta guardería para mayores, que ya celebró una jornada de puertas abiertas para los medios de comunicación y el público interesado, tiene 25 plazas, de las cua-

les ya hay cerca de 20 ocupadas. Situado en la segunda planta del Club del Pensionista, entre las calles Veracruz y La Tercia, consta

de sala de televisión y sala para realizar talleres y actividades socioculturales, clínica, gimnasio, terraza y baño geriátrico adaptado

El SED incluye los servicios de manutención (desayuno, almuerzo, comida y cena), transporte adaptado (del domicilio al centro

y del centro al domicilio), atención sanitaria (control, rehabilitación, fisioterapia e higiene) y atención social (apoyo familiar)

Los mayores pasan la jornada realizando actividades manuales.

La sala de televisión cuenta con adaptaciones tecnológicas.

Lógicamente, la información del periódico la daremos en forma de noticia, reportaje, breve, fotonotocia, editorial (si decidimos incluirlo), columnistas fijos, etcétera.

Restauradas dos nuevas fachadas en el Casco Antiguo

Además, la Junta de Gobierno ha aprobado un nuevo convenio para arreglar seis viviendas más

La primera de estas luce en su fachada dos escudos nobiliarios.

REDACCIÓN

El Casco Antiguo de Cehegín luce aún más bello desde que han finalizado las obras de restauración de las fachadas de dos casas señoriales, situadas en los números 13 y 15 de la Cuesta Moreno, gracias a un convenio firmado por el Ayuntamiento y la Comunidad Autónoma para la adecuación de fachadas, cubiertas y medianeras.

Estos trabajos han tenido una inversión de casi 85.000 euros, de los que la consejería de Obras Públicas y Ordenación del Territorio ha aportado el 75 por ciento, mientras los propietarios, el 25.

En los últimos años son muchas las fachadas del Casco Antiguo que han sido renovadas, gracias a la apuesta tan fuerte que está haciendo el Ayuntamiento por conservar el estado de las mismas, así

como de embellecer y revitalizar la zona más histórica de Cehegín.

De hecho, el concejal de Comunicación del Ayuntamiento, Francisco Abril, ha anunciado que "la Junta de Gobierno ha aprobado un nuevo convenio para restaurar las fachadas de otras seis viviendas, situadas en las calles Cuesta del Paraíso, Mayor, Fortuna y Cuesta Moreno, por un importe de 273.723,62 euros".

Los universitarios ahorrarán un 30 por ciento en el transporte

REDACCIÓN

El alcalde de Cehegín, José Soria, y el gerente de la empresa Líneas Costa Cálida SL, Antonio Torres, han firmado el convenio que determina los términos y condiciones del servicio de transporte universitario para el año 2008/09, por el cual los estudiantes se ahorrarán cerca de un 30 por ciento en el billete de autobús.

Como novedad, este curso los universitarios tendrán que comprar sus bonos en el Espacio Joven de Cehegín (ya pueden hacerlo).

Estos bonos, válidos para 20 viajes, tendrán un coste de 103 euros, de los cuales el Ayuntamiento pagará 27 euros, el usuario 74 euros y 2 euros que descuenta la empresa, por lo que ahorrará cerca de un 30 por ciento del importe total.

José Soria izquierda, y Antonio Torres, de Líneas Costa Cálida SL.

Todos los días saldrá un autobús directo a las 7.40 horas, desde la Estación de Autobuses de la localidad hasta el Campus de Espinardo, el cual partirá de

nuevo hacia Cehegín a las 14.20 horas.

Aún así, los interesados pueden informarse en el Espacio Joven del resto de horarios de autobuses.

Tres cursos dirigidos al sector de la hostelería

El Centro Local de Empleo Para Mujeres y Jóvenes de Cehegín ha informado de que el Centro de Cualificación Turística de Murcia va a poner en marcha tres cursos dirigidos al sector de la hostelería, que tendrán lugar en el último trimestre del presente año. Estos cursos, que se desarrollarán en el CEAMA de Bullas, serán los de

'Atención al cliente en la hostelería', 'Maridajes de vinos y platos' y 'Camarero de banquetes', dirigidos a trabajadores en activo. Los interesados pueden informarse en la web www.ectmurcia.com, en las instalaciones del Centro Local de Empleo de Cehegín, ubicado en la Casa de la Música, o bien en el teléfono 968 723 506.

Se instala una línea wifi gratuita en el Espacio Joven

El Salón Multiusos del Espacio Joven cuenta desde este mes con una línea wifi para que todos los jóvenes puedan conectarse a la red con sus ordenadores de forma gratuita.

Se convoca el Concurso de Obras Singulares de Artesanía

El Centro Local de Empleo ha informado de que se ha convocado el VI Concurso de Obras Singulares de Artesanía de la Región de Murcia, dirigido a artesanos individuales y empresas artesanas.

El Palacio de los Fajardo, 'Mejor Edificio de Otros Usos'

REDACCIÓN

El Palacio de los Fajardo de Cehegín, actual sede del Museo Arqueológico, ha sido elegido 'Mejor Edificio de Otros Usos' en los III Premios de Calidad en la Edificación, que convoca la conse-

jería de Obras Públicas, Vivienda y Transportes. Este edificio optaba a dicho galardón gracias al interés mostrado por la concejalía de Turismo de Cehegín. Por su parte, el alcalde José Soria solicitó la participación de este inmueble, convencido del gran va-

El consistorio optaba al premio de edificio de uso comercial

lor histórico y artístico que posee, corroborado por la excelente restauración realizada por la Escuela Taller.

Este certamen tiene como principal objetivo reconocer la labor de los agentes de la edificación y los usuarios de los edificios que, a

lo largo de los años, han contribuido a su conservación, alcanzando un equilibrio de durabilidad, habitabilidad y seguridad.

Por otro lado, el Ayuntamiento de Cehegín optaba también al premio de Calidad en la Edificación de Uso Comercial, que quedó de-

En diciembre o enero sería bueno que le hiciéramos una entrevista al alcalde tipo 'balance anual', para que explique cómo ha sido el año que dice adiós, y adelante cómo afronta la localidad el futuro más próximo.

PLAN ANTICRISIS

Se invertirán 33 millones de euros para reactivar la economía local

El alcalde de Cehegín, José Soria, ha presentado gran cantidad de proyectos ya aprobados que se van a poner en marcha, con el fin de frenar el aumento del paro

REDACCIÓN

Varias de estas obras se realizarán en el Casco Antiguo

El alcalde presenta los proyectos que se van a llevar a cabo en Cehegín

También podemos incluir la figura del columnista, que deberá ser una persona con cierto peso, como el cronista oficial de la localidad, por ejemplo.

REPORTAJE

La Cruz está siendo preparada para trasladarla hasta la rotonda

Un camión carga lentamente uno nuevo contacto en la Escuela Taller

Los profesores de la escuela prepararon lugar donde se instalará

Las dimensiones de la Cruz, los enormes cómo pesa eran

La primera vista se realizará a la altura real del monumento

La Cruz ya está instalada gracias esta labor la restauración y los cehegineros

La Cruz de Cehegín gigante ya está instalada

El monumento, que mide 9 metros de altura y 6,15 metros de ancho, promocionará la ciudad y hará que este símbolo religioso se convierta en parte de la identidad de todos los cehegineros

REDACCIÓN

El Ayuntamiento de Cehegín ya ha instalado la Cruz gigante en la rotonda de la antigua carretera de Murcia (salida Cehegín-Este), con el fin de seguir promocionando la ciudad y de hacer que la Cruz se convierta en parte de la identidad de todos los cehegineros.

Este monumento, que mide 9 metros de altura y 6,15 de ancho, realizado en acero cortem, posteriormente oxidado para su colocación, abundando la Escuela Taller de Cehegín para dirigirse hacia la rotonda en la que iba a ser instalado. Allí, se procedió a su colocación, ante la atenta mirada de numerosos alumnos de dicha escuela, del concejal de Juventud, Francisco Abril, y del alcalde de la localidad, José Soria, entre otros.

Con la Cruz instalada, ya sólo queda ornamentar el lugar que la acoge, por lo que se colocarán jardineras y una buena iluminación para que este símbolo de la bienvenida a los visitantes y acompañe durante el camino a todas las personas que salgan de viaje.

Por su parte, el Ayuntamiento de Cehegín tiene previsto realizar un acto de inauguración en breve.

Durante este mes y el siguiente vamos a ocuparnos de la relación de Alcaldes con nombramiento oficial que ha tenido nuestra ciudad desde el año de la Coronación de la Virgen de las Maravillas, tema que seguramente será del agrado de los lectores.

Aunque hoy los tutees están al orden del día, nos parece oportuno, protocolario y correcto anteponer el "don" a quienes representaron con todos los honores, obligaciones y autoridad plena a nuestra villa, hasta el año 1923, y ciudad desde entonces. Tales alcaldes fueron:

- D. Antonio Gómez López (desde el 21-3-1924 al 8-3-1927): se destacó su periodo por la concesión a Cehegín del título de ciudad y al Ayuntamiento el tratamiento de Excelentísimo. Además, fue el portador de la corona de la Santísima Virgen de las Maravillas el día 10 de Septiembre de 1925.

> **Don Antonio Gómez portó la corona de la Virgen en 1925**

- D. Fidel González-Olivares y Bugella (28-3-1927 al 26-2-1930): durante su mandato el Excmo. Ayuntamiento concedió en sesión de 11-6-1928 los títulos de Hijos Adoptivos de la ciudad al Marqués de Bondad Real, a los Condes de Campillos y a la Real Piedad y al mismo Alcalde.
- D. Felipe Valero Ruiz (26-2-1930 al 22-3-1930): su mandato duró menos de un mes.
- D. Antonio Lorencio Clemente (22-3-1930 al 27-1-1931).
- D. Antonio García Fernández (27-1-1931 al 9-4-1931).

Proclamación de la II República
- D. Pedro Chico Cánovas (18-4-1931 al 23-9-1931).
- D. Andrés Gil García (26-9-1931 al 10-9-1932).
- D. Juan Agudo de Gea. Fue alcalde en funciones desde el día 19-9-1932 al 4-12-1932, y efectivo desde el 4-12-1932 al 28-4-1934.
- D. Rafael Carrasco Anseil (19-5-1934 al 27-12-1935).
- D. Manuel Fajardo Ruiz (25-2-1936 al 21-5-5-1936).
- D. Francisco Martínez Egea (21-5-1936 al 20-10-1937).
- D. Bartolomé Salcedo Jiménez (20-11-1937 al 17-6-1938).
- D. Juan Álvarez Fajardo (17-6-1938 al 24-9-1938).
- D. Salvador Guirao Fernández (24-9-1938 al 10-12-1938).
- D. Felipe Portillo Zarco (10-12-1938 hasta el final de la contienda).

El tema de la publicidad tenemos que tenerlo en cuenta. Éste será más un servicio para las empresas que una forma de recaudación. El periódico dará la posibilidad de introducir anuncios de empresas, que tendrán un coste económico para éstas. Haremos una tarifa de precios y un contrato de publicidad.

Cehegin

Ayuntamiento de Cehegín

C/ López Chicheri, 5
30430 Cehegín (Murcia)
Teléfono 968 740 400

Departamento de
PUBLICIDAD

Don .... CIF / DNI ....

de la empresa ....

con domicilio .... Teléfono ....

Población .... Provincia ....

Contrata el siguiente anuncio:

☐ Interior b/n 1 módulo 12x7 (**XX** €)

☐ Interior b/n faldón 26x4 (**XX** €)

☐ Interior b/n media página (**XX** €)

☐ Interior b/n página entera (**XX** €)

☐ Portada color 1 módulo 12x4 (**XX** €)

☐ Portada color faldón 26x4 (**XX** €)

☐ La Última color 1 módulo 12x4 (**XX** €)

☐ La Última color faldón 20x4 (**XX** €)

Estos precios no incluyen IVA

A día ....

Anunciado en el/los mes/meses:

....

Conforme el agente .... Conforme el anunciante ....

ORDEN BANCARIA

Nombre .... CIF / DNI ....

Calle .... Población ....

Teléfono .... Provincia ....

Banco o Caja .... Dirección ....

....
Entidad   Oficina   DC   Cuenta

Autorizo a que se cargue en mi/nuestra cuenta arriba indicada los recibos que pasen al cobro,
correspondientes a los anuncios en El Periódico de Cehegín.

EDICIONES ESPECIALES

PRIMERA EDICIÓN: será la primera vez que el periódico ve la luz. Haremos un pequeño acto de presentación, al que asistirá el alcalde y toda la corporación municipal. Invitaremos también a las personas más relevantes de la localidad. Y cómo no, a los medios locales y regionales para que saquen la noticia del nacimiento del periódico. Un poquito de música jazz y unos canapés nunca vienen mal en un evento de ese tipo.

El Periódico de

Cehegín

PUBLICACIÓN SOBRE LA ACTUALIDAD MUNICIPAL

Difusión gratuita — *El que busca un amigo sin defectos, se queda sin amigos* — Número 1
Mayo de 2005

Cehegín ya tiene su periódico

● Hoy es un día muy especial para nuestra ciudad. Hoy es un día en el que todos los cehegineros debemos sentirnos orgullosos de tener un medio de comunicación propio, un medio en el que de alguna forma, todos somos protagonistas.

El periódico de Cehegín inicia su andadura con el firme objetivo de ofrecer a los lectores un conocimiento exhaustivo de todos los acontecimientos que sucedan en nuestra ciudad, en nuestro ayuntamiento, y de todo lo que nos caracteriza, con un solo fin: formar, informar y entretener a una sociedad moderna, libre y democrática como lo es la ceheginera. Afrontamos este reto con una ilusión desbordante, pretendiendo convertir este medio en el referente de la información municipal y llegar a un gran número de personas, de Cehegín y sus pedanías, que en definitiva son el motor que nos ha impulsado a iniciar un proyecto cargado de grandes dosis de esfuerzo y trabajo para hacerlo realidad. Hoy nace "El Periódico de Cehegín".

El alcalde, José Soria, y el concejal de Comunicación, Fernando Abril, junto al estudio de El Periódico de Cehegín.

Nuevo alumbrado en el Bº. de San Antonio

● El Barrio de San Antonio ha mejorado su imagen con la renovación de todo su alumbrado público; el tramo de la calle Begastri, que se encontraba ya en un estado muy deficiente y peligroso, y la colocación de puntos de luz donde antes no había. Las nuevas farolas miden 8 metros, tienen una mayor potencia lumínica y ahorran más electricidad que las que había antes. Las obras, en las que se han invertido 18.000 euros aproximadamente, han sido financiadas por el Ayuntamiento de Cehegín y la Comunidad Autónoma.

Las calles ya disponen de un mejor alumbrado.

sigue en pág. 12

El Ayuntamiento proyecta reconstruir la Torre del Pozo y la Muralla árabe

● El "ladrón de agua" (siglo XIII), que llegaba hasta los niveles freáticos del río Argos, abastecía a toda la Villa, por lo que se construyó la Muralla Almohade para su protección.

sigue en pág. 11

El consejero Patricio Valverde visita las tejeras de Valentín

● El consejero de Economía, Industria e Innovación visitó la industria cerámica de Valentín, que actualmente factura 30 millones de euros anuales y tiene 450 trabajadores.

sigue en pág. 03

José Soria García: "Tenemos nuevas expectativas de trabajo unidas al turismo"

sigue en pág. 07

El grupo de rock 'Mago de Oz', en San Isidro

● El rock de Mago de Oz, la degustación de migas y el desfile de carrozas serán los principales actos que acogerá Cehegín en el día de San Isidro Labrador.

sigue en pág. 10

www.cehegin.com

Intentaremos que nos apadrine el periódico algún periodista importante. Éste estará presente en dicho acto y regalará unas palabras a todos los asistentes (en mi caso lo hizo el presidente en aquella época de la Asociación de la Prensa de Murcia, Felipe Julián Hernández Lorca).

FELIPE JULIÁN HERNÁNDEZ PRESIDENTE DE LA ASOCIACIÓN DE LA PRENSA DE MURCIA

Vigencia de la prensa local

El auge de la prensa regional, que ha proporcionado a los grupos multimedia cifras notables de difusión, no ha resuelto, sin embargo, la adecuada cobertura informativa de los municipios, cuya presencia en los medios no se corresponde frecuentemente con su relevancia. Y éste es el caso de Cehegín. Ya se sabe, también, que el interés de los hechos noticiosos se mide -una intuición que responde tanto al oficio del periodista como a una regla escrita- con el parámetro de la proximidad a los potenciales lectores.

Hay espacio, pues, para una cada vez más relevante prensa local, y más ahora que los costes de producción y la distribución gratuita hacen viables estos proyectos informativos.

Por la cada vez más destacada segmentación de las audiencias, vuelve la prensa a su tradicional lugar de nacimiento, el ámbito local; ejemplo de ello es este periódico del que Cehegín se dota por iniciativa del Ayuntamiento y al que cabe pedirle, para que cumpla las necesarias reglas de la participación, del pluralismo político y social, y con ello del ejercicio de la libertad de expresión, que sea foro en el que se reflejen las iniciativas de cuantos quieran participar en la exposición y en el debate de asuntos que interesan al conjunto de la sociedad local. Este periódico que hoy nace será útil en la medida en que, con la puntual información relevante de cada día, conecte, desde su primer número, con sentimientos ampliamente arraigados, al tiempo que sea defensor insobornable de demandas insatisfechas y reflejo de iniciativas que mejoren la calidad de vida de los ciudadanos.

Un medio de comunicación, sea cual sea el soporte que adopte (en este caso el papel), es ante todo un espacio donde fluyen las ideas, donde es posible la interacción entre emisores y receptores de mensajes informativos y de opinión, necesarios para crear las bases de una convivencia sin exclusiones. Este proyecto editorial, al que deseo larga vida y para el que ofrezco mi colaboración, debe ser fiel reflejo, en definitiva, de la sociedad a la que pretende servir.

El interés de los hechos noticiosos se mide con el parámetro de la proximidad

Felipe Julián Hernández Lorca

En esta primera edición incluiremos artículos de bienvenida escritos por el 'padrino' y otro nuestro, como responsable principal del medio. Debemos explicar por qué nace y para qué (formar, informar y entretener, que no se nos olvide nunca).

ANUARIO: El anuario recogerá las noticias más importantes ocurridas durante el año. Debemos seleccionar las que creamos que son dignas de ir en esta publicación, que también será gratuita. Seguiremos los mismos pasos de distribución del periódico. Éste tendrá más páginas (con 32 es suficiente). Le haremos una portada llamativa.

El Periódico de
Cehegın

ESPECIAL PRIMER ANIVERSARIO

Difusión gratuita — "Yo no estoy de acuerdo con lo que usted dice, pero me pelearía para que usted pudiera decirlo (Voltaire)" — Anuario Mayo 05-Abril 06

Un año, acercándole la información local a su casa

www.cehegin.com

HEMEROTECA ONLINE

Una vez que el periódico esté maquetado lo pasaremos a formato PDF. Yo lo hago de la siguiente manera: instalo el programa Cute PDF en mi ordenador y le doy a imprimir a la página del periódico en cuestión, pero seleccionando, en lugar de la impresora, CutePDF Writer. De esta forma te lo guardará en este formato comprimido.

Te deberá ocupar alrededor de 5 megas. Como ya hemos explicado anteriormente, lo enviaremos vía email a todas aquellas personas que nos lo han solicitado. Pero, además, lo colgaremos en la 'Hemeroteca Online', que contendrá todos los números del periódico (y las ediciones especiales) para ser consultados en cualquier momento.

En la página web del Ayuntamiento deberá ir un enlace a esta hemeroteca. A nosotros también nos vendrá muy bien, porque en cuestión de minutos podemos buscar una noticia que dimos hace meses y de la que ya no recordamos muchos datos.

1.4. RADIO.

El ámbito más básico de la radio pública lo constituyen las emisoras municipales. Su creación se ampara en la Ley 11/1991, de 8 de abril, de organización y control de las emisoras municipales de radiodifusión sonora, que recoge la posibilidad de que los ayuntamientos cuenten con la titularidad de una emisora de radio.

La radio municipal yo la consideraría de máxima importancia en nuestro trabajo, así que, si no existe, se crea. Si no estamos muy puestos en el mundo de las ondas, pediremos presupuestos a varios técnicos para saber qué equipo nos hace falta para montar un estudio de radio, y cuánto nos va a costar.

La imagen corporativa es muy importante. Tendremos que contratarla a un diseñador para que nos presente dos o tres proyectos y elegir nosotros el que más nos guste.

Para empezar la emisión de esta emisora municipal contaremos con el siguiente equipo y salas:
–   Control: aquí está la mesa de mezclas y todos los equipos reproductores, al igual que los ordenadores.
–   Zona de locución: donde están los micrófonos, periodistas e invitados.

- Sala de grabación: donde se graban los programas y las cuñas de publicidad.
- Administración: será otro apartado donde se llevará a cabo la gestión de la emisora, el contacto con los anunciantes, las llamadas telefónicas, etcétera.

Está claro que toda nuestra programación no podrá ser producción propia, así que compraremos contenidos ya elaborados, sobre todo 'radiofórmula', además de hacer desconexiones con la emisora pública regional. Un ejemplo de programación podría ser éste:

HORA	LUNES	MARTES	MIERCOLES	JUEVES	VIERNES	SABADO	DOMINGO
00:00							**Profesional DJ's**
02:00			**Redifusión día anterior** (Informativo Local 2ª Edición)				Sesiones de los mejores DJ´s del mundo
						Música	
09:00			Buenos Días				
10:00			**Avance Informativo Local**				
10:05		**Magazine "Las mañanas de Mas Fm"**				**Top 50**	
		(música, entrevistas, noticias de última hora, concursos,etc..)				Juan Manuel Martos	
10:30			El Tiempo en la Comarca				
11:00			Informativo Regional (ORM)				
11:05		(Nueva Noticias Redacción, Bromas, noticias curiosas, etc…)				Lista musical, novedades, nuevos temas en lista, etc…	Música
12:00			Informativo Regional (ORM)				
12:05		Cocinamos	**Paddock FM** Supermotos, Mundo ciclismo (Piloto Cabagneros)				
		El Rastro (Compras, Ventas, Ofertas, Demandas, etc…)					
13:00			Informativo Regional (ORM)				
13:05			Música con Javier Crespo				
13:30			**Más Información** (Informativo Local)				
13:45			Música con Javier Crespo				
14:30			Informativo Regional (ORM)				
15:10			**Pasión Fm** (Las mejores Baladas de todos los tiempos)			**Lo + Weekend**	
16:30			**Los Más de la Más** (Radio Fórmula)			Con Javier Crespo	**Game Star**
18:00			Informativo Regional (ORM)				
18:05			**Los Más de la Más** (Radio Fórmula)				
20:00			**Más Información** (Informativo Local 2ª Edición)				
20:15			Radio Fórmula con Javier Crespo				Música
21:00					**Mas Ke 80** Los temas más bailados de los 80		
22:00	Diálogos con la Música Realizan: Maurizio.						
23:00	**Clásicos en la Noche** (Lo mejor de los 50, 60, 70, 80, etc.)				Disco Hit Mix Disco remixes		

Si después de todo esto aún nos queda presupuesto (el problema siempre es el dinero) crearemos la página web de la radio, para que se pueda escuchar online en directo. También colgaremos los programas de elaboración propia (podcasts) para que los oyentes los puedan oír cuando deseen. Asimismo tendrá una galería de fotos, la parrilla de programación, un libro de visitas y un buzón de sugerencias.

CONSEJO: sería positivo poner en marcha talleres de radio en la emisora, ya que de estos podremos sacar más tarde a futuros profesionales. Llevaremos a los niños de los colegios a que vean los estudios de la radio, para que se vayan familiarizando con ella y la tomen como 'algo suyo'.

1.5. TELEVISIÓN.

Si en nuestro municipio no hay televisión local o comarcal pues no la creamos, ya que estamos desarrollando un modelo sencillo de gabinete de comunicación y no sería lógico entrar a explicar paso a paso el formato de un medio de comunicación como éste (por lo menos, no en este libro).

Si hubiera televisión estudiaremos cómo funciona. Esto quiere decir que nos encargaremos de conocer a todas las personas que tienen algo que ver con ésta, sus funciones, los programas que realizan, los horarios de trabajo de campo y de grabación... casi todo. Así siempre trataremos de actuar de forma sincronizada, e intentaremos no entorpecer el trabajo de estos con ruedas de prensa a destiempo ni cosas así (esto lo explicamos anteriormente de esta manera: *Debemos conocer también los horarios de trabajo de los medios de comunicación, es decir, si la televisión local emite su informativo a las 13 horas, pondremos las rueda de prensa antes (siempre que esto sea posible), con el fin de asegurarnos su presencia. Si la radio local emite en directo desde las 12 hasta las 14 horas, si puede ser, haremos lo mismo, colocaremos las ruedas de prensa que lo permitan en una franja horaria anterior).*

Al igual que con el resto de medios de comunicación, a la televisión se le mandarán todas las notas de prensa y comunicados para convocarla a los eventos.

NOTA: Una televisión privada (vídeo comunitario) puede llevar ya años funcionando en nuestro municipio, así que probablemente sólo necesitemos empezar a trabajar con ellos, en vez de pensar en montar una cadena de televisión por cable pública, que sería inicialmente muy costosa y complicada. En el caso de Cehegín, llevamos ya varios años trabajando con TV Cehegín, que está formada por buenos profesionales, quienes han sabido satisfacer con creces esa necesidad informativa y de ocio de los ciudadanos durante más de dos décadas.

MEDIOS DE COMUNICACIÓN REGIONALES

Los medios de comunicación regionales son los que trabajan dentro de nuestra comunidad autónoma o región, y que de forma más o menos regular difunden información de nuestro municipio.

En la Región de Murcia contamos con numerosos medios de comunicación públicos y privados, aunque te recomiendo por su influencia que tengas muy en cuenta, sobre todo, los siguientes:

PRENSA: La Verdad de Murcia y La Opinión de Murcia.

RADIO: Onda Regional, Cadena Ser, Onda Cero, Cadena COPE, RNE Murcia, Punto Radio y Solo Radio.

TELEVISIÓN: La 7 Región de Murcia, Televisión Murciana y el informativo territorial de TVE. Ahora también empiezan a hacerse un hueco otras cadenas como Popular TV.

INTERNET: 20 Minutos, laverdad.es, laopinion.es…

Estos medios habrá que seguirlos para ver qué nos publican y qué nos dejan de publicar. Nosotros también les contrataremos 'Especiales' (pagados) de vez en cuando. Por ejemplo, si son las fiestas de nuestro pueblo, pues quizá sea un buen momento para que La Verdad y La Opinión incluyan en sus páginas un suplemento sobre lo bonito que es Cehegín y las cosas tan maravillosas que van a vivir las gentes que se acerquen durante esos días a visitarlo. También podemos contratar publireportajes específicos sobre ciertos temas, faldones de publicidad, etcétera.

Con el resto de medios haremos lo mismo. Podemos contratar cuñas o campañas de publicidad en radios o en las páginas de Internet, con banners y otras fórmulas. No se trata de pagar a los medios para que siempre nos saquen las cosas que les mandamos, ni para que nos pongan siempre en buen lugar. Se trata de que nosotros vamos a necesitar a los medios siempre, y los medios a nosotros, así que debemos llevarnos lo mejor posible y hacernos de vez en cuando una 'carantoña' mutua (se agradece por ambas partes).

NOTA: Si no trabajas en la Región de Murcia haz un estudio sobre los medios más influyentes de tu Comunidad Autónoma y sigue los mismos pasos que te he explicado.

HAY QUE CUIDAR A LOS MEDIOS DE COMUNICACIÓN

Llega la Navidad y es un buen momento para reunir a todos los periodistas con los que hemos estado trabajando durante todo el año para realizar una comida/cena de convivencia.

Tendremos que encargarnos de confirmar la asistencia de todos los medios locales y regionales que sea posible. Esta comida la costeará el Gabinete de Comunicación del Ayuntamiento, con el fin de agradecer el interés que se han tomado durante todo el año, y la comprensión que han tenido en ciertas ocasiones (como cuando se retrasa una rueda de prensa casi una hora; cuando se les cita 20 minutos antes para dar una noticia urgente; cuando se les pide que saquen unas declaraciones enteras, aunque sobrepasen el tiempo establecido; y mil cosas más). Este día tenemos que celebrarlo todos los años, convirtiéndolo en tradición.

Cada vez que haya un concierto, corrida de toros, obra de teatro, eventos deportivos, espectáculos, etcétera, guardaremos pases de prensa para los medios de comunicación locales. Si algún medio regional pide pases de prensa, se los facilitaremos.

Nunca llamaremos a un medio de comunicación exigiendo nada. Es decir, si queremos que nos publiquen algo, podemos llamar diciendo que tenemos especial interés en que difundan esa noticia, pero nunca como una obligación.

HAY QUE CUIDAR A LOS TRABAJADORES DEL AYUNTAMIENTO

El Jefe de Prensa no es más que nadie en el Ayuntamiento, ni menos. Nuestros compañeros de trabajo son muy importantes, ya que diariamente nos facilitarán información para poder realizar nuestro trabajo.

Así que los cuidaremos como 'oro en paño':
- Cada vez que se publique el periódico (una al mes), serán los primeros en tener un ejemplar sobre su mesa.
- Realizaremos en la comida anual del personal público una foto de familia, que regalaremos a cada trabajador todos los años.
- Les facilitaremos un buzón de ideas, quejas y sugerencias para que se puedan expresar más fácilmente.
- Cada vez que el Ayuntamiento haga merchandising para regalar, se les obsequiará a ellos también.

LA FIGURA DEL JEFE DE PRENSA

El jefe de prensa lo es antes, durante y después del trabajo. No es lógico que durante la jornada laboral seamos correctos y vayamos bien vestidos (esto siempre) y después del trabajo parezcamos otra persona. Siempre tendremos un buen comportamiento, educación, humildad y prudencia. Iremos todos los días con el alcalde, así que debemos estar a su altura.

Será siempre una persona licenciada en Periodismo. Hay que huir del intrusismo laboral, y más en una profesión tan delicada como ésta (en la Universidad nos enseñan valores éticos y morales muy importantes). Nos haremos de la Asociación de la Prensa o Colegio de Periodistas de nuestra Región. Además intentaremos hacer cursos para seguir formándonos en esta apasionante profesión. Sería bueno realizar un máster en Dirección de Comunicación. De ahí se sacan muchísimas ideas para mantener el gabinete y hacerlo evolucionar. Aprovecharemos para mejorar la COMUNICACIÓN INTERNA del Ayuntamiento.

Y recuerda siempre que *el gabinete de comunicación del ayuntamiento no es el gabinete de comunicación del partido político que gobierna en ese momento*. Estás al servicio de tu pueblo.

Bibliografía consultada:

Álvarez, Tomás y Caballero, Mercedes (2001), *Vendedores de imagen. Los retos de los nuevos gabinetes de comunicación.* Barcelona, Paidós PC.

Armentia Vizuete, José Ignacio y Caminos Marcel, José María (2003), *Fundamentos de periodismo impreso.* Barcelona, Ariel.

Sole & Hernández, Consultors de comunicació, SL, www.solehernandez.com Muralla del Carme, 22-24 2on 5ª Manresa – tel. 93 872 94 29. *¿Cómo relacionarse con los medios de comunicación?.*

Almansa Martínez, Ana (2006), *Gabinetes de comunicación. Estudio sobre su presencia en las organizaciones.* Universidad de Málaga.

NOTAS

NOTAS

NOTAS

NOTAS

NOTAS

NOTAS

NOTAS